Ali Al Hazmi

Übersetzung aus dem Englischen:
Gino Leineweber

Wie ein Schmetterling-Tattoo

Gedichtband

Verlag Expeditionen

Ali Al Hazmi
Wie ein Schmetterling-Tattoo
Gedichtband

Übersetzung aus dem Englischen
Gino Leineweber

Umschlagfoto Susan Wilkinson
Umschlagdesign eyedentities.de

Printed in Germany
ISBN 978-3-947911-87-5

Inhalt

Ali Al Hazmi

Übersetzung aus dem Englischen:
Gino Leineweber

Wie ein Schmetterling-Tattoo

Gedichtband

WIE EIN SCHMETTERLING -TATTOO

Warte nicht – auf niemanden
Ich ging dir verloren
Doch als ich an den Quellen
deine Gazellen fand
und dein Gesang mich erweckte
strömten in meinen Kummer
Visionen der Wiedervereinigung
Und eine Ode hauchte
Liebeslaute in meine Seele

Mein Schatten kümmerte mich nicht
auf den Wegen ohne dich
Er trägt nur winzige Hoffnungen
lähmt meine Schritte
Ich allein könnte verhindern
dass du deine Augen schließt
Ein kleines Zeichen von mir reichte
meinen Schmetterling wie ein Tattoo
auf den Trennungsschultern landen zu lassen

Wenn du möchtest baue ich noch einmal
eine Terrasse für dich, um in die Tiefen deiner
    Träume zu blicken

Warte nicht – auf niemanden
Ich erwachte in der Dämmerung des Winters
ohne dich auf meinem Kissen zu sehen
An meinen Zweigen blühten freudige Rosen
ließen in meinem Blut verborgene Flammen
lodern
Den durstigen Wüsten überließ ich meine Seele
Die Winde paarten sich mit meinem Leben
und ich errichtete aus dem Weizen der Wüste
Fackeln die Sehnsucht zu beleuchten
und in die Abgründe der Abwesenheit zu
schauen
Die Vergangenheit sendet Erinnerungen
Meine sind vom Frost mit silberner Feder
geschrieben

Als ich meine Reise zu deinem fernen Bild
antrat
suchte ich in verborgenen Ecken mein eigenes
sowie die Quelle, die ich verließ
Ich hätte dich besser erfahren
Wärest du meinen Leidenschaften begegnet
oder hättest Sätze von Empfindung und Liebe
in die Ohren der Illusion geflüstert
die mich zu dir hätten tragen können
Zu den Dörfern unserer Vor- und Nachnamen

Es gibt immer jemanden, der dich liebt
wenn du nicht da bist
Abwesenheit ist der Ansporn für geheime
glühende Botschaften
deren Buchstaben nicht in der Gegenwart
geschrieben werden

Sei ein symbolischer Schatten
Um dich an das Ferne zu klammern
Und an seine Federn

◎

Warte nicht – auf niemanden
Ich bin die Straße die zu dir und den Palmen
führt
Zwischen denen du vor langer Zeit erkrankt
warst
Mein Großvater hat mir das Salz der Erde
vererbt
das Wasser auf meinen Lippen blühen ließ
In Zeiten der Dürre träumte ich
von der Lieblingsreise meines kranken Vaters
die so früh unterbrochen ward
Ohnmächtig seine Hände auf der Stirn
Kummer in den Zeiten der Hitze

Gebrochen als meine Mama plötzlich starb
in der Nähe seines Schattens
wie ein verratenes Reh auf den Feldern

Ihre Augen starrten zum Himmel
Stiftete die Wolken an
ihren fröhlichen Gesang wieder aufzunehmen
Sie liebte meinen Vater so leidenschaftlich
in den Jahren ihrer Phantasie
Folgte ihm durch dunkle Wüsten
von einer unbestimmten Angst in ihrer Seele
getrieben
Folgte seinen Schritten in den Tagen der Hitze
seinem männlichen Duft
zwischen den schlanken Weizenähren
als ob der Geruch von Schweiß in seiner
Kleidung
ein Kompass zur Freimut wäre
zu seiner Gegenwart auf offenen Feldern

Meine geliebte Mama
war immer auf Reisen
Nach der Erscheinung des Grases
verlockt von lächelnden Grenzen
vertraute sie auf ihre eigene Illusion
Doch als sie seine Augen sah
war sie verzaubert
Sie fand keine Gründe
warum sie

während der Jahre der Dürre
und der endlosen Müdigkeit
die alten Bäume des Hauses verließ

Warte nicht – auf niemanden
Ich fand dich noch bevor du erschienen bist
in den Lichtern meiner Träume
Ich wollte in deiner Nähe sein
Ein Strauß Lieder
leitete mich zu deiner fernen Welt

Ein wenig älter warst du als ich
als du deine Blicke
auf mich geworfen hast
Die Flammen der Nacht hatten
für unsere zarten Herzen
in der Dunkelheit keine Chance
der Gefangenschaft zu entkommen
und bitterer nachtragender Liebe

Mutter sagte:

> –Habt Geduld
> Das Herz deiner Liebsten
> ist getränkt mit Liebe
> mit Wärme und Intimität
> Sie hat dich erwählt
> Du bist es die ihrem
> Herzen am nächsten ist–

Warte nicht – auf niemanden
Die Flügel der Liebe sind es
die Träumer zu den Gipfeln
der Phantasie tragen
Die Flügel der Erinnerung
zu den Wolken
in Zeiten der Abwesenheit.

Achte nicht auf landläufige Frauen
mit roten oder gelben Schatten
Wenn sie in ihre Spiegel schauen
werden sie zum Ende der Nacht
dunkler und dunkler

Wenn eine Frau sich in die Stille zurückzieht
täuscht sie gewöhnlich ihren Liebhaber
lauscht auf die Wirkung eines Smaragds
in seinem Werben

Du bemerkst nicht wie sie deine Überreste
für ein graues Kapitel sammelt
womit ihre theatralische Geschichte
von ihrer atemlosen Zeit
und ihres Verlangens.
neu erzählt werden kann

Warte nicht – auf niemanden
Verlasse die quälende Vergangenheit
Finde den Weg zum Anfang
im funkelnden Blitz eines Songs
Finde die bedeutenden Teile deiner Reise

Finde das Gurren in der Wüste
im verbliebenen Echo
und reise weit zu den Palmen
damit vom Höhepunkt erzählt werden kann
von dem du aus ferner Vergangenheit
zurückkehrst
Ausnahmslos – Vollständig

Warte nicht – auf niemanden
Ich bin die Sonne deiner Geduld

IN DER GESELLSCHAFT VON MIR

In der Gesellschaft von mir
–Nichts fehlt– sagte ich zu meiner
Einsamkeit und zu einer abgereisten
Geliebten

Ohne meiner letzten Flöte gebrochenen Echos
zu hören
sagte ich es auch zu der Taube
die einst über ihre Wünsche hinausgeflogen
war
ohne der Liebe Schleier zu erlauben
über die wahre Bedeutung der Horizonte zu
schweben
Auch einem Reh
das über eine Rosenhecke gesprungen war
ohne auf den Liebesschmerz zu achten
der plötzlich unter den Palmen neben dem
Brunnen aufgeblüht war

◎

In der Gesellschaft von mir
genügte für den Anfang eine schwache Flamme
um mich von den Höhen
im Nebel meiner Frage zu sehen

Weder Glück reichte als Antwort
noch half meine Liebe zur Wahrheit
den unerreichbaren Sinn in einer Blume zu
sehen
Immergrün zu allen Jahreszeiten

◎

In der Gesellschaft von mir
schreite ich meinem abseitigen Traum
entgegen
blicke durch die Leere in die Winkel meiner
Sehnsucht
halte mich an den Flügeln eines vergangenen
Lieds
das zu einem galaktischen Glanz der Sehnsucht
aufstieg
und mich mit Flötentönen an mein Schicksal
bindet
Im Schleier der Abwesenheit.

◎

In der Gesellschaft von mir
bin ich der Sinn vom Verlust in der Wüste
Öffne mein Herz dem weiten Raum
Um meine geliebten Personen zu umarmen
Mein winziger Schatten im Widerhall
legt sich auf seine Qualen

Die Versuchung herrscht fest und unerschüttert
in meinem Blut
Auch Winde verwirren nicht meinen ersten
Schritt
Und das hohe Tor häufiger Ablehnung
verschließt sich nicht vor meinen Zweifeln

◎

In der Gesellschaft von mir
hilft mir nichts den Flammen der Entbehrung
zu entkommen
Nichts aus der Vergangenheit verweilt in
meinen Gedanken zu erkennen
ohne sie verweht das Leben wie das Rufen
Auch nichts aus meinem Traum der zu
bescheiden war
mühelos eine Frühlings-Fata Morgana mit
Obstgärten zu erzeugen

◎

In der Gesellschaft von mir
weben metaphorische Empfindungszweige
Sehnsüchte in meinen Vers
Versöhnen mich in fernem Leben
mit denen die mich einst verließen
als ich verbannt war
in der tiefen Stille der erzählten Geschichte

Sie gingen an meiner Nacht vorbei
ohne meine Müdigkeit zu bemerken
und trieben die Wolkenberge aus meinem
Traum
in die Dämmerung der Wüsten
Sie merkten nicht, dass mein Sinn vernichtet
war
Ich sah in der Abwesenheit
aus ihrem Dunkel
eine neue Sonne aufgehen
als die Wahrheit als Morgenröte erschien

◎

In der Gesellschaft von mir
mit all diesen Erinnerungen sehe ich
auf der Straße zu unserem Haus
die Erde unter den Palmen
und die Schatten
von den Sonnen meiner Kindheit
Ich trete eine Reise an
mit meiner Jugend
und den Sorgen meiner Mutter
zur Dame meines Traums
die das Herz der Gazelle mit Henna färbt

Mit Henna in der Mitte des Tages
um sie her all die Düfte
ihre Lust und ihr empfindsamer Stolz

Meine Begleiter sind jene
die ihre Träume verloren haben
die zu ihrem Liebsten reisten
ohne an ihr Ziel zu gelangen

In meinem weit hergeholten Traum
üben mein Vater und meine Mutter mit mir
im Angesicht von Qualen
das Lächeln zu lernen

◎

In der Gesellschaft von mir
Sehe ich zwei Doppelgänger in einem Spiegel
wenn ich aus zwei gestohlenen Träumen
    aufwache
um ein geteiltes Selbst zu werden
das auf sich selbst fixiert ist

Zwei Doppelgänger
durch vage Tendenzen verbunden
für die Existenz von Gegensätzen
die sich in der Melodie der Lieder trafen

Zwei stille Träumer
von der Flöte aus den Erinnerungen der
    Vergangenheit befreit
Ein Fleckchen Kummer
das sich über unsere Augenbrauen legte

Doch etwas rührt die Melodie der Sehnsucht
Seit wir zusammen leben
Realer zu sein als
ein verirrtes Phantom
das zwischen den Augenlidern liegt.

AUFSTIEG INS UNBEKANNTE

Laila ist auf der Suche nach einer Aufzeichnung
über ihr früheres Leben am Rande der Zeit
während ich nach dem verirrten Morgen eines
Traums suche
um mich zu fernen Palmen zu führen

Sie kämpfte so lange auf der Suche nach einem
Ton
um ihre Flöte mit einem Lied aufsteigen zu
lassen
Ich war es leid mit meinen Füßen endlos
in die tiefe Leere des Unbekannten zu laufen

Wir fanden nicht die Morgendämmerung
unseres vagen Morgens
Unser Exil
mit der Verblendung verbündet
hat unsere Seelen entfremdet
Alles in allem

◎

Laila verweilt auf dem Teppich der Nacht
und verflucht ihr Glück.
Sie bittet die Planeten meiner Sehnsucht
ihre verlorene Vergangenheit zu umarmen

Ihre unzähligen Erinnerungen
hindern sie daran
auf meinen Feldern zu bleiben

Nahe bei den Garben meines Herzens.
Habe auch ich genug Gründe die mich drängen
bei Sonnenuntergang ihrer Herde zu folgen

◎

Laila erinnert sich an ihre Stimme
die in den Wüsten der Stille verloren ging
um aus dem Exil ihrer Feuer zurückzukehren

Sie pflegte im Frühling zu reisen
mit den Flügeln der Worte in ewige Echos
die ihren unglücklichen Schatten weit hinaus
trugen

Doch sie hat kein tiefes Verlangen
um den Baum der Hoffnung zu halten
wenn die Abwesenheit herabfließt

Laila starrt auf den zerbrochenen Traum in
meinen Augen
wenn sie mich besucht

Eine schwache Schnur aus ihren schüchternen
    Buchstaben
wie ich auf ihren Gruß, wenn sie ihn
    ausspricht
rührt meine Sehnsucht
die ich so lange begraben habe

Sie verleitet mich
über die Zäune zu springen die ich
in den unruhigen Jahreszeiten. errichtet habe

◎

Wir haben nie zugegeben
was unsere Visionen am Rande des Sandes
beim letzten Mal begangen haben

Sie hat mich nicht getadelt
Als ich irrtümlich einen Namen aussprach
nackt von seiner alten Sehnsucht

Doch ich tat Unrecht von den rückwärtigen
    Toren der Echos einzutreten
um die Ziegen des Traums auf Ebenen zu
    weiden
die die Gärten ihres Schlafes umgeben

Die Zeit ist vergangen
Nicht länger können wir die Kluft
zwischen zwei Abgründen überbrücken
Nicht länger können wir an unseren fernen
    Rändern stehen
Wir waren im Begriff, in den Meeren unserer
    ertrinkenden Augen
ein Tuch aus Sternen
um unsere Seelen zu spannen
und sie mit neuen Impulsen zu füllen
um den Morgen und die Erinnerungen zu
preisen
Doch wir hatten nichts, was uns vor dem
    Vergessen rettete
und uns befähigte, aus dem Abgrund des
    Schicksals aufzusteigen.

◎

Warum glaubst du nicht, dass du tot bist
wenn du in den Spiegel starrst

Laila, die du geliebt hast wird von
    Trostlosigkeit belagert
Die wandernde Wildnis hat ihren Schatten
    vergeudet
Sie ist nicht länger ein Stern in deiner Nacht

LEBEN JENSEITS DER MAUERN

Du wolltest wie ein Fremder leben
In Stadttore eindringen;
Die ferne Vergangenheit vernachlässigen
Auch die Menschen
Nur dorthin gehen, wohin deine Schritte dich
leiten

◎

Dein Leben hattest du in ruhelosen Jahren
verschwendet
Und mit Fragen, die in deiner Seele
kämpften
Visionen und Leidenschaften der
Vergangenheit
hast du nie hinter hohen Mauern verbracht

Du läufst dem Gesang eines Liedes
in seiner Morgendämmerung entgegen
In deinen Phantasien folgst du der Geburt eines
Traums
steigst auf zu den Wolken und fliehst vor der
Hitze der Straßen

Du kannst nicht von den Trümmern der
Planeten leben
Ertrunken in der Vergessenheit
Verlockt von Schleiern und Grenzen der
Abgeschiedenheit

Du gehst voran und fragst
was die Verwirklichung deiner Wünsche
behinderte

Das Schicksal beachtest du nicht
Dem du entgegenfliegen wolltest

Es war grob zu dir
und stieß dich unbarmherzig zurück

◎

Du schläfst um von fernen Gegenden der
Welt zu träumen
Auf deinen Augen liegt kein Tau
mit dem du ein schwaches Licht
für deine Visionen locken könntest

Du hast bei deiner Geliebten auf Wärme
gebaut
dich lange ihren Schatten unterworfen
die dich zu ihren Erinnerungen legte

Der dünne Faden einer Frage
Zieht deine Vergangenheit ins Verderben
Du schwankst zwischen Widerwillen und
Abwesenheit
Verloren sind alle Wege zu den letzten
Palmen

Du hast die Quelle nicht beachtet
von jemandem, der dich wahrhaftig liebte
dessen Herz zerbrach
als es vernachlässigt wurde
Dessen Schritte in den Wind geschleudert
wurden
Der geduldig deine Last getragen
und der dich einst erfreut hat

◎

Die Erinnerungen leuchten in deinen Augen
Fanden aber keinen Hafen
die Wahrheiten von den Gefährten des
Unsichtbaren entladen zu können

Du klammerst dich an das Vergessen
wenn du müde bist
Auf der Straße;
erreichst du nie den Träume-Baum
den du dein ganzes Leben lang gesucht hast

Du zündest das Feuer aus der Asche niemals
mit einer Frage an
Doch der Rückzug der Morgendämmerung gab
dir eine neue Chance.

◎

Selbst wenn du es den Rest deines Lebens
versuchst
du kannst nicht wissen was alles du verloren
hast
Ferne Gestade der Hoffnung wiesen dich
zurück;
Du wirst deine Stimme
aus dem Abgrund der Vergangenheit nicht
wiederfinden
Und es wird dir nicht gelingen die Grenzen
deines Ichs zu erreichen

Die Wanderung hat dich auserwählt
Mach dich auf die Suche

Dein Wirrwarr wird nicht belohnt
Du kannst die Wildnis nicht bis an die Grenzen
am Horizont tragen

Doch Winde haben leise Flügel
die Hitze deines alten Durstes zu schüren

Derjenige der eine Quelle sucht
ist dem Untergang geweiht.
Suche die Schatten derer
die du einst verlassen hast
Suche nach den Liedern der Wolken
und nach einer Spur der Stille in deinen Augen;

Suche nach deiner eigenen Illusion

◎

Es muss eine Flöte geben
die letzte und verirrte
Eine freudige Flöte
Die, auch wenn du sie
in den Wirren des Lebens verlierst
dich leiten wird.

MEINE STIMME FÜHRT MICH ZU DIR

Die Flüge der Tauben zu dir
reichten nicht die Distanz zu überwinden
halfen nur mein Bild deiner Abwesenheit zu
berühren
als wäre es ein freudiges Morgenrot
das mich an die Weite des Universums
in deinen Augen denken lässt

Hat der Tau dir nicht Keime geschenkt
mit denen du aus den Adern deines Traums
Palmen aus dem Sand wachsen lassen kannst?

Warum dann diese Öde
Warum durch diese Länder wandern
ohne sich innerhalb der Grenzen der Seele
niederzulassen
Oder die Wasser der schläfrigen Dämmerung
zu trinken
an den Quellen der Lieder

◎

Während du in die Abwesenheit gegangen bist
blühen Erinnerungen auf verlassenen
Schwellen
Wollen mich bewegen unsere Namen
auf die Flügel der Winde zu schreiben

oder den Lippen der Illusionen
damit ich einige glühende Fragen
die in der Ferne verschwanden
wieder hervorholen kann

Meine Stimme führt mich
zu deiner Abwesenheit
Zu dem was vom Kummer
außerhalb der Worte geblieben ist
Du hast nie auf mich gewartet
um mich davor
und vor der Sehnsucht zu schützen

◎

Wir beide sind hauchdünner Sinn
Wie auch sein Gegenteil

Vielleicht vereinte uns das Echo verschiedener
    Töne

Ich versuchte deiner Stimme zu lauschen
als sie sich dem Ausgang des Labyrinths
    näherte

Ein Bündel von Fragen
die bis zum Himmel reichten
tauchten über den Prärien auf

Könnte es sein du seist
unbeabsichtigt in meine Umlaufbahn gelangt?

Doch ich ignorierte die Fragen und Lücken der
Zeit
zwischen Geburt und heimlichem
Liebesgeflüster
und schließlich dem Tod meiner Wonnen

Oder könnte es sein
ich erlebe dich wieder
während du in der Vergangenheit bist
und lausche der Gazelle
die mir von deinen Erinnerungen erzählt
ohne, das ich in meinem Blut
deine Gegenwart spüren muss

◎

Was bleibt vom Silber fernen Vergangenheit
Wenn wir uns ihre Impulse leihen
um durch den restlichen Teil der Geschichte zu
schreiten
ohne an die Rettung zu denken
vor ihren Phantasien

Was bleibt für uns
von dir und mir
Den Schätzen erster Sehnsucht

wenn wir uns treffen werden
und nichts anderes finden
als Leere

ABWESENHEIT

Bringt mich weit zur Abwesenheit
Von dort werde ich zurückkehren
mit dunklen das Unglück beklagenden
    Strophen

Die Zeit stellt ihre frühere Offenheit nicht
    wieder her
Meine Freiheit ist wie ein einziger Faden
der Worte und Erinnerungen zu Balladen
    spinnt

Die mit Tränen in den Augen der Flöte
    zuwinken
nehmt mich mit zu den Zeilen eines Liedes
Dessen zerknitterter Stoff traurig geworden ist
    durch die Ferne

◎

Nimm mich mit zu deinen Augen, um zu sehen
was du in das Buch der Geschichte geschrieben
    hast

Meine Geburt wurde mit Salz am Morgen
    verwirrt
und einem Sinn der herausfordernd ins Leere
    starrt

Wir können geheime Gespräche der
Leidenschaften
die auf Echos beruhen wieder aufnehmen

Doch deine Vergangenheit wie meine Stimme
Erscheinen in der Ferne wie Phantome und
kommen nicht zurück

◎

Nimm mich mit zu einer Müdigkeit aus der ich
Schmerzen erzeugte
deren Schafe ich auf dem Gras meiner kranken
Tage weidete
Einer genialen Müdigkeit – die wenn ich denke
dass sie verschwunden ist
doch noch einmal zurückkehrt
und meine Schritte vergeudet die ich für
jemanden den ich liebe reserviert hatte

◎

Nimm mich mit zu fernen Bäumen
um aus ihrem Holz und meinen
Leidenschaften
eine Leiter für die Unsichtbaren zu zimmern

Ich bin aufgeregt, wenn du mich im Frost
deiner Nacht
als dein schützendes Dach erwählt hast
für die Wärme marmorner Liebe

◎

Ich kümmerte mich nie um die Vergangenheit
Doch ich pflanzte eine Palme auf ihrer Grenze
für diejenigen, die in den Süden der Seele
reisen

Wenn sie im Schatten ihrer Zweige
das Echo wie Eis schmelzen lässt
erklingt aus ihr eine Melodie

◎

Nimm mich mit zu deinem Morgen
dem Tau der auf den Lippen der Zeit trocknet
und zu Erinnerungen die wie Pfeile aus dem
Bogen schießen

Meine Kindheit wurde vom Tau der Palmen
benetzt
die Zweige der Sehnsucht haben
die in die Abwesenheit reisen möchten

Warte nicht auf mich
an den düsteren Quellen
Nicht länger als einen Tag

Mein Gedicht des nahenden Gestern
ist zum anderen Ufer geschwommen

Aus den geflochtenen Versen seiner Schöpfung
erklingt eine blinde Melodie über einen Morgen
an einem Platz den es nicht mehr gibt

◎

Ein Mond, der auf dem Zweig unseres
freudigen Abends wohnt
der sich nicht mehr um den Himmel und seine
Bewohner kümmert

Ein Mond der es vorzieht unseren Schlaf zu
bewachen,
der nicht mehr den Wolken nachreist

Ein Mond, der erschöpft ist vom Auf- und Ab

Wir werden nicht
Aus der letzten Dämmerung unserer Sehnsucht
zu den Rändern der Sonne reisen

Aus einem Traum
dessen Zweig unser Geheimnis bleibt

Wir werden die Erde nicht verlassen
wenn sie uns in die Gewänder des Exils kleidet
uns in Entfernungen verstreut
die kein Recht haben, unsere Schritte zu lenken

Der Sünde Traum ist unser einziger Weg

LOB DER MEERESKÜSTE

In Krisenzeiten

Einsam vor dem Meer
entladen mich Schiffe
aus ihrer Stille

Ich bin unfähig
meinen heimatlosen Sinn zu erkennen
oder seine Erscheinung.

◎

Einsam vor dem Meer,
Folgt mir eine Taube
wenn ich meinen Platz wechsle

Weder der Wind schreckt sie
Noch stoppt meine Angst
das in ihrem Gefieder verborgene
Verlangen

Einsam vor dem Meer,
schließen mich Küsten in ihre Gebete ein
um das Leuchten eines Kindes zu sehen
das mich bis in weite Ferne verließ

Das Blau im Auge
beleuchtet ein Gedicht voller Sehnsucht
in der Melodie des Daseins
die ein Geständnis der Illusion aufnimmt

◎

Einsam vor dem Meer
umgeben von Möwen
deren Blicke mich in die Höhe heben
schwebe ich auf Wolken der
Erinnerungen
die mich zu Freunden bringen
deren Schatten
aus den Wegen der Kindheit
ich nie verließ
nachdem wir uns getrennt hatten

◎

Einsam vor der Glut
Geächtet von deiner Hände Kälte
wenn du dich verwirrt fühlst
In der Gegenwart der Vergangenheit

Spiele die Flöte meines Liedes
Zur Ode des Feldes und seiner Rosen

In deinen Augen sehe ich Vögel
die in die Glorie fliegen
wenn sie in die Zukunft blicken

◎

Einsam vor der Strophe
hält mich das Gedicht
von seiner Galaxie fern
macht mich hilflos
die Impulse meiner Visionen zu fühlen

Was meine schwache Stimme
an Verlust erreicht
fließt in die Wüste des Gesanges

◎

Einsam vor Geduld
fehlt die Ausdauer
am Rande meiner Manie

Wer hat Worte mit Bedeutung gefüllt
und ihre Phantasie aufgelöst
Hat Schadenfreude
in metaphorischer Dämmerung bestimmt
wie ein verlassenes Fenster unserer Seelen?

Einsam vor dem Alter
Die Wünsche sind jünger

Wenn ich sie sehe
Suchen sie einmal noch
nach Geboten der Vergangenheit

Doch weder berühren
die Schatten der fernen Tage
meine geheimen Gespräche
noch verteilt die Nacht
Spiegel der Erinnerungen

◎

Einsam vor dem Grab
Das Ende hat ein Datum gesetzt
aus dem Schoß der Abwesenheit
ein weißes Gedicht zu schaffen
und Kerzen eines Liedes
in der Dunkelheit anzuzünden

Bäume gibt es keine mehr
die auf mich warten
Nur ein Himmel
der seine Lichter löscht
um sich auf meinem Kopfkissen
schlafen zu legen

ZURÜCK ZU DEN ECHOS

Ihre Nerven sind belastet

Dein Schweigen schmerzt die zarten Saiten
ihrer Seele

Sie kann das Warten nicht mehr ertragen
Ist nervös

Tröste sie mit einem Satz der Liebe
um das Brennen ihres Herzens zu lindern

Sie ist gehindert ihre inneren Gefühle zu
offenbaren
die sich die Strahlen ihrer Sehnsucht gewünscht
haben

Könnten seine Flügel ihn in die Lüfte heben
um der Geliebten Sterne zu erreichen?

Doch du – leichtsinnig
Näherst dich nicht einmal ihrem Blick

◎

Unruhig bist du
Als wenn Wellen dich in die Dämmerung des
Wahnsinns drängten

In ihrer Liebe zu dir gibt sie sich
mit sparsamer Freude zufrieden

Doch raubst du ihr schwaches Lächeln
Befreist sie von Illusionen
um von deinen fernsten Winkeln aus
die weiten Himmel ihres Daseins zu erblicken
Nimmst sie nicht mit in den Glanz der Ferne
weil du selten Gründe finden wirst
auf den Wegen des Unerreichbaren zu gehen

◎

Über den Wolken deiner Seele
breitest du Flügel aus
und fliegst hoch über die Grenzen ihrer Nacht

Lehre deine Phantasie das Wetter
    vorherzusagen
bevor du dich in ihrer Nähe schlafen legst
denn Schlaf ist der Spiegel aller Wünsche

Er ist das Ufer für diejenigen
Die in die Irre gegangen sind
Die letzte Rettung für Ertrinkende

Wenn du auf den Zehenspitzen der
Begierde
auf ihr Bett zugehen willst
halte die Tür offen
denn deine Schritte würden sie verwirren
und ihre Wünsche erschrecken
die im Gestrüpp ihres Traums
umherfliegen

Sei reine Luft
die durch ihre Finger fließt
Ohne Abdrücke
auf ihren Händen zu hinterlassen,

◎

In ihrem Schlaf sammelt sie Erinnerungen in
ihrem Geist
Sterne vollenden ihre Umdrehung um sie
herum

So sei ein Sonnenstrahl
Der durch die freudigen Federn der Wolken
dringt
bevor das Tageslicht kommt

Als du von deiner fernen Vision eingenommen
warst
hättest du leicht zu deinen Echos zurückkehren
können
Doch du fandest einige metaphorische Gründe
mit deinen Segeln durch die Nebel der
Abwesenheit zu ziehen

◎

Obwohl ihre Augen vor Sehnsucht gestrahlt
haben
liebt sie dich nicht mehr
Nachdem sie den Weg
der zu ihrem Glück führte
verließ und deinem gefolgt ist

◎

Wenn du weißt
was ihre Leidenschaften suchten
wirst du immer noch nicht
ihrer Sonne folgen können
weil sie das Zwielicht des Himmels verließ
um sich in dir zu verstecken!

EIN WEG DURCH MAUERN

Von einer Dame in einem Tagtraum gequält

Einer Dame erschaffen durch Einbildung
erdacht aus Illusion und Gefühlsduselei

Glücklich schlafen auf den Dornen ihres
Lachens
Sie mit geschlossenen Augen sehen
wie sie durch die Felder deiner Niederlagen
wandert

◎

Sich den Schlingen ihres Glanzes unterwerfen
die sanft gewebt wurden
um deine Seele zu ergreifen

Ihre zarten Schritte zu spüren
die sich gemächlich
auf dein Nachtlager zubewegen

◎

Mit ihrer Leichtigkeit
sie Schmetterlingen gleich
aufsteigen zu sehen
zum Ufer deines sehnenden Betts

und ihr bis zu den Grenzen des Himmels
zu folgen
den sie mit ihren Flügeln berührt

◎

Sie leidenschaftlich zu umarmen
um wie aus einer Wolke
Tropfen für Tropfen
ihre Liebe regnen zu lassen
Ihrer Sehnsucht zu folgen
Mit deinen unbesiegbaren Pferden
bis die Sonne wieder aufgeht

◎

Die Dame teilt deinen Lebenstraum
rücksichtslos in zwei Hälften
findet einen Weg durch die Mauern
deines Wirrwarrs
mit einem einzigen Blick

Im Kopf deiner Phantasie
hängt sie ihr Bild mitleidlos
an einen Nagel
deiner Illusion

Die, wenn du schläfst
niemals ihre Räume verlässt

Ihre einzige Sünde war
auf einem Bürgersteig
einem Passanten zuzulächeln

Du schaust immer wieder sehnsüchtig
auf ihre verführerischen Reize
ohne zu ahnen, dass das Warten
auf eine verspätete Umarmung
sie in ein paar Minuten
von dir wegführen würde

ZU MEINEM KÖRPER

Eine Frau sagt zu einem Reisenden
–Bringe mich zum Meer,
wo ich von den Leidenschaften der
Wellen geboren wurde
wo die Winde mich forttrugen
und ich mich an die Reise nur im Exil
in der Einöde meiner Seele erinnere
Ich habe längst keine Geduld mehr
das lange verzögerte Glück
mit ein wenig Glut zu entfachen–

◎

Ein Junge sagt zu einem Mädchen, das seine
Finger unter die Knöpfe seiner Jacke steckt:
–Lass mein Verlangen in deinem
Gedränge
ein wenig auf der Oberfläche des Wassers
treiben
denn das Meer vergeudet unsere Chance
eine Zuflucht in dem nostalgischen Kranz
zu finden
den wir geflochten haben
In heiteren Nächten umarme mich lange
und fest
denn die Umarmung lähmt unsere
Sehnsucht nach Ferne

Lösche meine Kerze und erhelle
die Dunkelheit dieser Nacht–

Er wusste es würde wieder regnen
in der Abwesenheit seiner Hände

Aber er wartete nicht
Er fürchtete das Meer …

◎

Fürchtete er sich
wie ich vor dem Meer?

Es ist die Musik der Natur
die Ebene der Sehnsucht
der Rückzugsort für das ganze Universum

Ich fürchte das Meer
deinetwegen

Die Ufer die unter unseren Füßen erodieren
wie ich dir gestern sagte als wir müde waren
–Nimm mich zu meinem Körper …
lasse uns ruhen–

Wenn es an den Küsten regnet
werden wir ebenfalls müde sein
– und durstig
Mit einem Durst der in die Stille sticht

Wir werden auch müde sein
wenn die Entfernungen uns umgeben

◎

Wie können Seeleute sich
in die Salzigkeit des Meers zurückziehen
nach all diesen Jahren?

Was bleibt ihnen in seinen Gewässern
außer dem Glitzern von Algen
und bittere Erschöpfung

Die fernen Länder verblassten
Die Ruder ihrer Sehnsüchte zerbrachen

Sie schauen nicht mehr zurück
mit feurigen Blicken, wenn sie
den Wind fragen, was er gewollt hat

Ob er das Ruder ins Verderben lenken wollte

Wer zur See fährt verliert die Sonnen seiner
  Fröhlichkeit
die wie Perlen die Augen der Liebsten verlassen

Unter den Möwen herrscht das raue Salz
wenn sie an den Ufern der Meere vorbeiziehen
und auf einen Schwarm von Wünschen
antworten
die leicht über das Wasser schweben

EINSAME FRAU

Eine einsame Frau
kämpft ihren Herbst
Glück Familie Freunde
Nichts im Herbst
der sich über die Bäume beugt

Sie versteckte sich
Fürchtete sich vor Erinnerungen
und vor Träumen, die sie nie zweimal
besuchten

Wenn sie sich in der Dämmerung streichelte
Winkten ihr Schmetterlinge zu
Ihre Schatten wurden vom Wind verstreut

Finken flohen aus dem Dunkel ihrer
    Terrasse
Dem Leben vertraute sie nicht mehr
Beschwingte Weiblichkeit hatte sich früh
    entfernt

Nicht nach den reifen Früchten
an den Zweigen des Körpers zu greifen

Nicht zu versuchen
Schauer zu wecken

Sie verlor die Schlüssel zu ihrer Lust
Als sie beim Einbruch der Nacht vergeblich
darauf wartete
Ein Pfeil möge auch zu ihrer Seele
fliegen

Hohle Augen
Ohne Wärme Liebe Hoffnung
Sie glitt freiwillig auf kalten Wassern dahin

Überließ sie sich dem Exil
ohne auf die Musik in der Ferne zu achten
die noch die Glut ihres Feuers entfachen
könnte

In metallischer Stille der Einsamkeit
sind die Nächte lang
Aus dem Spiegel fließen Schmerzen

Doch
Sie ergeben keinen Sinn
Denn der Herbst ist fort

Die Schmetterlinge winken vom Ufer
eines Flusses, den nichts daran hindert
sie ohne Fesseln zum nahen Hügel zu tragen

Könnte sie die Blicke wieder
in die Ferne zu heben?

Könnte sich von der Sonne
ein Tuch für ihre kalte Weiblichkeit
für einen neuen Morgen weben lassen?

EINE STADT

Abflug

Auf Flughäfen vertrocknen Rosen der Worte
Blicke fallen auf Terrassen voller Gesichter
Verse der Reinheit werden sehnsüchtig rezitiert

Beruhigende Worte werden gesprochen
Im letzten Aufruf überwältigt Kummer
Hände trocknen Tränen

Chaos vermischt sich mit Lärm
Stört die Gefühle schneller Umarmungen
Die Worte bleiben am Boden zurück

Ein bunter Strauß Küsse
Die von denen auf dem fliegenden Teppich
Noch lange nachzuspüren sind

Treffen

Sie blieben stehen sich anzubeten
Leidenschaft hüllt ihre Augen in eine Wolke

Vor einem Blumenladen sagt sie
–Ich habe kein Telefon–

–Ich werde immer auf dich hören–
antwortet er
–immer auf deine Worte die vom
Leuchten deiner Augen begleitet sind
Die wie ein Wasserfall in mein Herz
stürzen
Sie werden mir eine Melodie sein, die
mich an Orte trägt
An denen ich dich wie einen seidigen
Kuss treffen kann–

Aus dem Schaufenster des Blumenladens
blicken die Narzissen weiter
auf das Grün in ihren Augen
das von einem Kuss erwacht
kurz bevor sich die Lippen lösen
aus einem tiefen Punkt in den Herzen

Sie hätten ihnen
stünden sie nicht im Fenster
ihre Blütenblätter gern in die Hände gelegt

Quadrate

Wenn die Dunkelheit einbricht
wird es still im östlichen Teil der Stadt
Wenn auf Straßen die Füße der Fußgänger
sie heimwärts tragen

zurück von den nördlichen Regionen
bleiben die Überreste von Liebesdüften
auf den Plätzen und streifen umher
Bereiten sich auf den Abend vor
Mit Fragen nach ihrer Bedeutung
auf den verwirrten Lippen.

Wie Eine Peitsche

Ein Fußweg schlief mit einigen Jungen die ihn
    vor dem Nachtfrost mit ihren Körpern
    wärmten
Bevor sie ihren Träumen entgegenflogen,
    rafften sie ihre staubigen Kleider um ihre
    kleinen Körper und schliefen ein in tief
    besiegtem Geist

Sie verlassen das Rennen ums Überleben
achten nicht auf sich stapelnde Körper umher
Legen sich in das Feuer nackter Länder

Von eilenden Autos mit Wasser aus
    schmutzigen Pfützen in ihre Gesichter
    bespritzt
Eine Szene der Anarchie das Elend vergrößernd

Wenn ihre Träume sie in Sicherheit wiegen
    eilen die Autos heran

und schlagen wie mit einer der Peitsche
schmerzend Hiebe in die Träumenden

Sklavenhändler

Frauen mit dem Rücken an den Straßenlaternen
üben Liebe mit geschlachteten Wünschen
Sehnen sich nach einem Ort der die Qualen
ihrer zarten Seelen begräbt
Während sie sich Männer erobern für das
Feuer ihrer Betten

Andere Männer hatten sie einst verraten
ließen sie von den Blüten ihrer Träume
davonlaufen

Nun stellen sie die Fallen mit ihren seidigen
Körpern
und werfen ekstatische Worte auf die Pfade der
Fülle

DAS MÄDCHEN

An einem Herbstabend
Jasmin Feigen Lieder
Erinnern wir getrocknete Sprache
Lassen sie los
im Innenhof
wo ich mich lange Zeit
auf Federn der leichten Liebe
zum Schlaf bettete

Die einst von Frauen erhellten Nächte
sind vorbei
Zum Winken drehst du dich nicht um
Bleibst machtlos allein
Von Leere erfüllt
sucht deine Seele Schlaf
Keine sanften Fingerspitzen mehr
In deinem seidigen Haar

Keine Lippen mehr mit Trauben der Sehnsucht
Nicht mehr die Glut schmiegsamer Körper
die in deinem Bett Feuer entfachen
An diesem Abend
kehrst du zu deinem Morgen zurück
Wie alle, die
ihren Frühling ihre Liebe ihre Freunde
verloren haben

Das Mädchen das du in der Blüte deines Lebens
trafst
Das dir die Knospen ihres Charmes in die
Hände legte
Dich mehr liebte als ihre eigene Seele
Sie wollte dich
Dich – mit deiner braunen Haut
Hat sich bewusst in deine Netze fallen lassen
Es liebte dich aus Gründen die für andere
Geheimnisse bleiben
Aber du hast es nicht bemerkt

Das Mädchen das sich herausputzte
als sie dich am Ufer des Flusses traf
das ihren Hals mit silbernen Halsketten
schmückte
und ihr Haar mit karmesinroten Bändern
für eine Umarmung gebunden hat
Es war zur Liebe geboren
Gravierte sich heimlich
den ersten Buchstaben deines Namens in die
Nähe ihres Herzens

Das Mädchen
das den Schlaf nicht mit Geschwistern teilte
hat die meiste Zeit nur an dich gedacht
Träumte von einem Schimmel

der mit dir unter dem Balkon stehen würde
An einem nahen Abend
Es schaute – wartete lange
Doch vergeblich auf ein Pferd

◎

Als es den Pfeil seiner Leidenschaften
Aus einer Wolke von Träumen
die es sich verdient hatte auf dich richtete
traf er nur auf einen zerbrechenden Spiegel

Vielleicht vermisste es nur Rituale
Die in diese Zeit der Zuneigung gehören
Das Treffen der Liebenden wurde vom Winde
verweht
als das Verlangen sie schmerzte

◎

Was du damals liebtest
Hielt dich
in einer Wolke emotionaler Erregung

Aber das hast du nicht gewusst
Warst unfähig zu beglücken
Hast nur auf deinen Charme vertraut

Gespräche zu führen gelang dir nicht
Du warst ohne Phantasie
um verlorene Ziele zu finden
Doch es mag niemand
dessen Liebe für lange Zeit ignoriert wird
in den Augen Enttäuschung zeigen

Aber auch das hättest du nicht bemerkt!

DER FLUSS

O Fluss
Wenn du Augen hättest
Würdest du zweifellos das Kind erkannt haben
das dir aus der Ferne zuwinkte

Das Kind, das dich unaufhörlich ansah
Mit einem immer neuen Gefühl der
Überraschung
Das Kind, das unermüdlich an deinen
unsichtbaren Ufern steht

Dieses Kind war ich

O Fluss
Unzählige Wünsche blühen an deinen Ufern
Gequälte Herzen füllen sich mit Hoffnungen
Dein Azur reicht aus, verblasste Träume in
unseren Augen zu wecken

Du wusstest als du den Horizont durchbrachst
Dass du die Gefühle der Erwartung vertiefen
würdest
Von zwei Ufern die sich nach einander sehnen
Wie zwei Liebende mit zu vielen Träumen
Die sich mit der Kraft für einen einzigen Kuss
Einander begegnen

O Fluss

Deine fließenden Wellen haben sich
zu den Melodien einer Flöte geformt
und die Felsen zum Glühen gebracht

Wir glaubten zeitloser Durst
würde auf einer Reise gestillt werden können
Doch ist es der Durst nach nie endender
unstillbarer Sehnsucht

Wir wussten
diese verschworenen Felsen
versperren uns den Weg

DEN KUMMER INS MEER WERFEN

In deinen Vierzigern
flügellos
drängst du dazu
noch einmal zu fliegen
als ob du noch stark genug wärst
um über die Wolken zu steigen.

Auf dem Weg in deine Wildnis
legen die Winde alle Sünden
auf deine Schultern
als du an den Toren deiner Vergangenheit
mit angeketteten Beinen
stecken geblieben bist

Weder kehrt
das Lied deiner Jahre zurück
noch blicken
die schönen Mädchen
der Kindheit
fröhlich auf deine Felder

◎

In deinen Vierzigern
in der Nähe der Quellen
führt dich die Sehnsucht zu denen
die nicht mehr auf deine Lieder hören

Wenn der Vogel der Worte
Von einem einsamen Zweig im Herzen
zwitschert
wirfst du deinen Kummer wie einen Stein ins
Meer
und fühlst dein Gesicht brennen vom
schmerzlichen Augenblick

◎

In deinen Vierzigern
nimmt die Vergangenheit an
dass du nah an ihren Obstgärten bist
während du noch in der Wildnis deiner
Fantasien feststeckst

Als du deine Reise begonnen hast
in Richtung glitzernder Metapher
hast du dich nicht um dornige Fragen
gekümmert
die zu deinen Füßen lagen

◎

In deinen Vierzigern
faltest du auf den Straßen deine Schatten nicht
mehr
wenn du den Lebensfreuden entgegengehst
und versuchst das verlorene Ufer zu erreichen

Die Erinnerung fragt:
–Wann warst du so verwirrt in der Gegenwart
des Vergessens–
Was hätte es dir geschadet, wenn du an den
edlen Toren deiner Vergangenheit
die Last deiner Ablehnung abgeworfen hättest?

◎

In deinen Vierzigern,
besucht dich eine Frau aus der Vergangenheit
Sei nicht unhöflich
Frage sie nicht nach fernen Liebesgeschichten

Rette sie vor trügerischen Mühlen
Gib ihr reine Freude zurück
Höre auf ihre in der Abwesenheit
vernachlässigte Seele

Sei wie sanfter Regen
wenn sie in die Irre geht
Ein metaphorischer Akkord
wenn sie lächelt

Und eine existenzielle Leidenschaft
Wenn sie dich ansieht

Doch wenn du dich ihrem Feuer näherst
Sei nichts anderes als Asche.

NUR DU – NIEMAND AUSSER DIR

Wenn du schläfst
sieht dich keiner
Selbst wenn du deine Träume
in der Prärie laut herausschreien würdest

Deine Fußstapfen sind spurlos
auf der Seide des ersten Verlangens
Dem fernen Kuss entgegen

◎

Wenn du schläfst
schließt du deine Augen vor Gesichtern
die die wahre Bedeutung von Liebe nicht
kennen

Mit deinen Händen gräbst du ein Loch für die
Vergangenheit
durch das du zur Quelle derer dringst
die dein Herz mit Lebendigkeit
Liedern und Hoffnung umhüllten

◎

Wenn du schläfst
kannst von deinem Bett aus denen die du
schätzt zuwinken

Damit sie aus den Wolken des Vergangenen
kommen
und dem Vergessensein

Du gehst mit einer befreiten Seele
Keine nebligen Horizonte behindern
den Weg zu deinen fernen Orten

◎

Wenn du schläfst
überwindet die Phantasie ihre Schwächen
Die Hoffnung richtet sich gegen Peiniger und
Wächter

Weder ist es Tag noch Nacht
Du überschreitest Gedanken
Du bist der Erste der Zweite der Letzte
Dein Schatten auf der Straße ist der dritte von
zweien

◎

Wenn du schläfst
brauchst du keinen Kompass
Alle Augen der Vergangenheit sind auf dich
gerichtet
Niemand außer dir beobachtet die Leichtigkeit
der Seelen

Nur du musst die letzten Gefühle
aus den Fallen ihrer Düsternis
und ihrer stählernen Ketten befreien

Wenn du schläfst
ist es leicht einen geräuschlosen Ort zu finden
um die Rosen die in deiner Seele blühen
aus gefühlvollen Wolken zu beregnen

Du brauchst keinen Schlüssel
bei Nacht
für das Haus deiner Geliebten

Wenn du schläfst
kommt sie –
die dich vernachlässigt hat zu dir

Die Geliebte
die im Frühling
ihre Leidenschaften
hinter erschrockenen Wangen und Augenlidern
verbarg

◎

Wenn du schläfst
musst du dich nicht mit der Frau verabreden
die deine Jugend mit ihren Augen bezauberte

und dich gegen den Wunsch ihrer Familie liebte
Du reist in deinen Träumen
zum Geheimnis des verworrenen Planeten
zu denen die du verführtest

An den Stränden der Stille
bist du
nicht mehr besessen davon
die Frau zu kennen
die deinen Glanz ignorierte
der aus
vergangenen Erinnerungen kommt

◎

Wenn du schläfst
hocken die Freunde auf dem weichen Teppich
deines Herzens

Eine Frau die eine Zeitlang mit dir vertraut war
besucht dich
und ein fremdes Kind das dich immer wieder
anschaut

Wenn du in seine Nähe kommst fühlst du dich
fremd
Es trägt in seinen Händen eine Laterne
deren Geheimnis du nicht kennst

Wenn du versuchst einen Funken ihrer Glut zu
bekommen,
erschaffst du nur noch mehr Dunkelheit

Deine Versuche
im Gesicht des Kindes zu lesen ermüden dich

Seine Augen blitzen
wie scharfe Pfeile der Vergangenheit
Wenn immer du es anschaust.

AUGUSTSONNE

Liebling – zieh durch die Wolken

Werfen wir auf den Ebenen
unsere Wünsche an den Kreuzungen der Wege
in die Luft

Gras zwischen den Steinen der nahen Hügel

Als wir geboren wurden
waren wir unserem Geheimnis nah

Zwei Bogenstriche von den Liedern entfernt
deren Melancholie im wogenden Schilf
von den Flöten eingefangen wird

Die Babys unserer Liebe waren Tau und Duft

Die Augustsonne hat uns
am Rande der Felder
zwischen zwei Granatapfelbäumen gesät

Die Spuren unseres Himmels werden zu
Melodien
führen uns an den Händen zum Anfang des
Lebens
und bewerfen unsere kleinen Schritte mit
Lotusblüten

Oft haben wir in der Ferne
die Schmetterlinge unserer Seelen
beobachtet
wie sie über dem Taubengurren
aufstiegen
Die Leichtigkeit ihrer Flüge zwischen den Palmen
erweckten die Wünsche unserer Kindheit
und versteckten die Lilien in ihren Schatten

◎

Liebling – zieh durch die Wolken
Lockere die Zügel deiner Liebe
damit wir den Jägern entkommen

Schieße Pfeile auf die nahen Hügel
und lass uns von der Lust getrieben
mit geflügelten Beinen davoneilen

◎

Liebling – zieh durch die Wolken
Nimm mich mit zum Baum der Zeit
wie eine Welle in deinem Schatten

Ich versuche mein Glück mit den Winden
wenn sie über unser freies Gras wehen
und setzte meinen Weg zu deiner Seele fort

Ich habe ich den letzten Himmel aus seinen
Federn gerissen,
Denn alles was mich zu unserer südlichen Liebe
führt
Wird von hier aus beginnen

◎

Liebling – zieh durch die Wolken
Ländliche Müdigkeit bringt uns
zu einer anderen die genau wie unsere ist

Seit wir geboren wurden
haben wir mit Pflanzen und Palmen gelebt.
Unsere Geister haben die Vergangenheit nie
verlassen

Heimlich nur einmal als die Zeit
sie und uns fest im Griff hatte

Doch Märchenerzähler wandeln im Traum

Wenn ich an deiner Schulter lehne
sage mir –Keine Zeit mehr
um auf getrennten Ufern zu gehen–

Wir werden unsere Geschichte nie
in zwei verschiedenen Büchern
über die Zeit und die Seele erzählen können

Uns bleibt nur unsere beiden Körper
in einem einzigen zu verstecken
Ich muss du sein und du ich

EIN KLEINES LICHT

Auf dem Weg zum Café weißt du
dass ein kleines Licht auf dich wartet
Du beeilst dich

Bist dort vor der Zeit
Suchst dir eine ruhige Ecke

Im Morgentrübsal, wenn du dich
wie eine Laute der Sehnsucht fühlst
stört nichts deine Verfassung,

Du trinkst Kaffee
schließt die Augen und lächelst

Blickst in die Weite vor dir
In deinen Augen können alle
Die dich treffen leicht lesen.

Du bist nicht einsam
wenn du Kaffee trinkst
Endlose Erinnerungen kommen

In düsterer Stille lauschst du rauschenden
Wasserfällen
umhüllt von einem Duft
der dich an die Gärten deiner Kindheit erinnert

Beim Kaffeetrinken überblickst du
deine vergessenen Träume.
weiche Hände die sanft die Schultern tätscheln

Und aus dem Dunkel deiner Seele
regt sich der Wunsch deine Lungen zu füllen
um mit der Härte der Welt zu verschmelzen

Der schwarze Kaffee den du trinkst
wird dich eines Tages
mit blendender Helligkeit verblüffen

VERLUST

An der Schwelle der Nacht,
warten sie darauf
dass der letzte Abend vergeht

Ihre Augen sind voller Kummer,
Sie vergessen sich
auf den Pfaden der Sünde

Sie wirken trunken
von den Flammen der Entfremdung
und zurückgelassenen Hoffnungen

Sie sind es nicht

Aber der Schock
wirkt tief
In ihren Augen

Sie wollten nicht
dass ihre Wunden Fußspuren hinterlassen
die gleich am Anfang des Wegs ausgelöst
wurden

Sie sind der Blüte ihrer Tage fern
Ruhen in einem erschöpfenden Exil
das sich aus in ihrer Brust entblätterte

Was machen Verlierer
am Ende mit ihrer Zeit
wenn der letzte Weg ins Nirgendwo führt

Im Angesicht der Nacht
haben sie alles gegeben
und finden keine Worte mehr

Keine Rede ein Urteil zu treffen
Nichts auf die Schreie zu antworten
die aus ihren Erinnerungen kommen

TRÄNEN AUF BRENNENDEN WANGEN

An der Küste bauten wir Häuser auf Sand

Als er zum letzten Mal zum Fischen ging
rannten wir los um sein Netz
in sein kleines Kanu zu bringen.

Mit kleinen Händen
winkten wir unaufhörlich den letzten Wellen zu
die sein Boot mit sich forttrugen

Weg von den Zeiten unserer Kindheit

Mit den Augen auf die Straße gefesselt
breitete die Mutter sich hinterm Fenster
über unsere kleinen Schultern aus
als sie ihr Gesicht über unsere reckte
besorgt um unsere unschuldigen Seelen

Ich hatte Angst
dass ihr langes Haar sich
dem Wind beugen könnte
wenn sie sich zu weit
hinauslehnen würde

Schnell zog ich sie zurück
in die Wärme des Zimmers

In ihren Augen sah ich das Meer
Das sich weit über die Häuser aus Sand
Auf uns zubewegte

–Gewiss kommt er zurück–
sagte sie bevor ich ihre Träne
auf meiner Wange spürte

Zwanzig Jahre halfen nicht
die Häuser aus Sand zu zerstören

Meines Vaters Gesicht über den Wellen
wurde zum Fenster durch das
wir die silbernen Jahre unseres Alters erblickten

Noch immer verbirgt die Mutter ihre Trauer

Backt am Morgen immer noch frisches Brot
und in den Mitternachtsstunden
wärmt sie auf
was von ihren Wünschen übrig ist

Doch wir vertrauen ihr und essen
das Brot der Lüge
um weiterzuleben.

LIEBHABER AM ABGRUND

Ein erschöpfter Liebhaber im Winter
mit emotionaler Schlaflosigkeit
kehrt aus einer verzweifelten Nacht zurück

Von Frauen
die sein verbittertes Verlangen zurückweisen
Ihn dennoch mit ihrer Weiblichkeit fesseln

Er raucht eine letzte Zigarette
Sein Blick wandert
über den fernen Pfad der Wünsche

Eine schöne Frau
berührt ihn sanft im Traum
Als sie auf ihn zukommt

–Ich liebe dich– sagt er zu ihr
Ihre Reize strömen von ihren Wangen

Bis ein schwacher Mond
sich in ihren Augen spiegelt

Ein Mond erschöpft vom Verlangen.

Er versucht mit seinen Händen …
Doch sie erhebt sich
verlässt ihn mit Rosen in die Lüfte

Am Ende der Nacht ist er einsam
Will sich – Elend in den Augen
der Leere ergeben

Er hatte nicht bemerkt
dass es die schöne Frau
aus dem Rahmen eines Bildes war
die er mit schlafenden Augen
angesehen hatte

EINE ECKE IN EINER TAVERNE

Sie beachtete mich nicht
als sie an meinem Tisch
in der orientalischen Taverne saß

Starrte nur auf meine Hand
die eine Zigarette hielt
die ihre Glut bis in mein Blut ausdehnte

Der Rauch flog davon wie weiße Poesie
enthüllte die Leidenschaften
in meinen Augen.

Sie verbarg die Stille die sich über sie ergoss
um die Leidenschaft
in ihren Händen zu behalten

Dann strich sie eine Haarsträhne zurück
die über ihr linkes Auge gefallen war
als sie einen Rosenstrauß betrachtete
der auf dem Tisch stand der uns trennte
und mein halbes Gesicht verdeckte

Wie sehr wünschte ich mir
in ihren Augen,
Vollständig zu werden
Um die schmerzliche Sehnsucht
eines unglücklichen Menschen
zu sehen
der gerade
in tiefem Schmerz ertrinkt

www.ingramcontent.com/pod-product-compliance
Lightning Source LLC
LaVergne TN
LVHW091121150826
845673LV00002B/916

* 9 7 8 3 9 4 7 9 1 1 8 7 5 *